Dips made in USA

Rezept	Seite	Kalorien/Portion	Vegetarisch	Schnell	Gelingt leicht	Braucht etwas Zeit	Gut vorzubereiten	Preiswert	Klassiker	Raffiniert
Salsa	6	35	●		●		●	●	●	●
Pikanter Olivendip	6	170	●	●	●		●		●	●
Avocado-Olivendip	8	200	●		●			●		●
Spinatdip	8	310	●	●	●		●	●		
Dilldip	10	110	●	●	●		●	●		
Currydip	10	700	●	●	●	●	●			
Auberginendip	12	125	●			●	●			●
Kartoffel-Möhrendip	12	120	●		●			●		
Avocado-Kräuterdip	14	250	●					●		●
Spargeldip	14	290	●		●		●			●
Tomaten-Bohnendip	16	130	●	●	●		●	●		
Roter Paprikadip	16	100	●	●	●		●	●		
Muschel-Quarkdip	18	55		●	●					●
Wasserkastanien-Krabbendip	18	190		●	●		●			●
Lachsdip	20	265			●		●			●
Avocado-Krabbendip	20	250		●	●		●			●
Avocadodip	22	145	●	●	●			●		
Guacamole	22	325	●						●	
Chutney-Krabbendip	24	160		●	●		●			●
Gemixter Käsedip	24	675	●	●			●		●	●
Käse-Creme	26	200			●		●	●		
Nuss-Käsedip	26	325		●			●			●
Drei-Käsedip	28	335			●		●			●
Schinkendip	28	210					●			●
Ingwer-Sesamdip	30	115		●	●		●	●		●
Mango-Chutneydip	30	465			●		●			●
Chili con Queso	34	240		●	●				●	
Nachodip	34	570				●			●	

GU Rezept-

Rezept	Seite	Kalorien/Portion	Vegetarisch	Schnell	Gelingt leicht	Braucht etwas Zeit	Gut vorzubereiten	Preiswert	Klassiker	Raffiniert
Käse–Bohnendip	36	460	●		●	●	●			
Hot and Spicy	36	470	●		●	●				
Südstaatendip	38	490			●	●		●	●	
Bohnendip mit Speck	38	265			●	●		●		
Frutti di Mare	40	340			●					●
Tunfischdip	40	260			●			●		
Muscheldip	42	250			●					●
Heißer Krabbendip	42	255				●				●
Sardellendip	43	300		●	●		●	●		
Artischockendip	44	500	●		●	●				●
Jalapeños–Bohnendip	44	100	●		●		●			
Orientalischer Kirschdip	46	115	●		●		●	●		●
Süß–saure Dipsauce	46	140	●		●		●	●	●	
Heiße Mangosauce	48	135	●		●		●			●
Italienische Dipsauce	48	375			●			●		
Pecannussdip	52	560	●	●	●		●			●
Cocktaildip	52	210	●		●		●		●	●
Erdbeer–Ingwerdip	54	60	●	●	●		●			●
Cremiger Beerendip	54	230	●	●	●					●
Ananas–Joghurtdip	54	175	●	●	●					●
Aprikosen–Chutneydip	56	260	●	●	●		●			●
Früchtedip	56	160	●	●	●		●			
Cake Carameldip	58	175	●					●	●	
Orangensaftdip	58	200	●					●		●
Heiße Likörcreme	59	280	●					●	●	
Englische Dessertsauce	60	345	●					●	●	
Hot–Fudge–Dipsauce	60	550	●					●	●	●

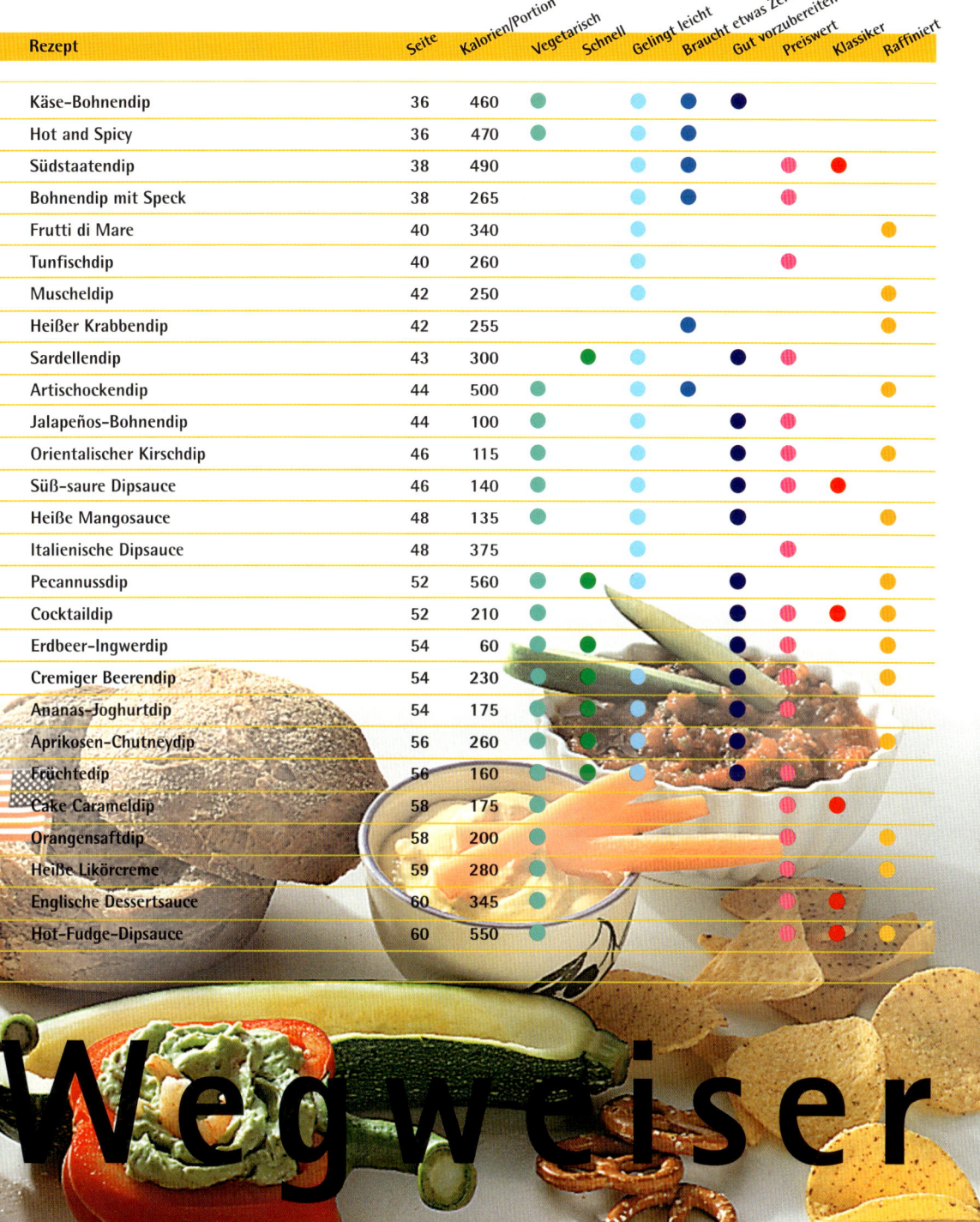

Wegweiser

Ganz cool: Kalte Dips

The american way of party life

Hi! So lässig-herzlich begrüßt man seine Partygäste in den USA. Typisch amerikanisch ist die Gastfreundschaft, die auch ich jenseits des Atlantiks erfahren habe. Und ebenso typisch ist auch die unkomplizierte Art, mit der die Feste gefeiert werden. Amerikanische Gastgeber verwöhnen ihre Gäste gern mit Dips in den verschiedensten Variationen. Denn Dips sind immer eine Party wert. Die tollen kalten und warmen Saucen schmecken einfach gut, sie sind schnell und problemlos zubereitet und meist auch recht preiswert. In Amerika sind sie von keiner Party wegzudenken. Meist bieten Gastgeber verschiedene Dips an, servieren sie als kleinen Imbiss, Snack, als Vor- oder Nachspeise. Und seit kurzer Zeit avancieren auch hierzulande immer häufiger original American Dips zu Partyhits.

Von mild-aromatisch bis feurig-scharf reicht die Geschmackspalette der kalten Dips

Kalte Dips für heiße Nächte

Zu Grillparties und Sommerfesten gehören in den USA unbedingt kalte Dips dazu. Und so groß und vielfältig das Land, so abwechslungsreich sind diese Dips: Die meisten enthalten Frischkäse, stets kombiniert mit anderen aromatischen Zutaten. Manche Dips sind teuflisch-scharf, manche kräuter-würzig oder besonders delikat und fein.

Viele kalte Dips lassen sich schon am Tag vor der Party zubereiten. Oft bringen auch die Gäste selbstgemachte Dips als kleines Gastgeschenk mit. Wichtig ist, dass die Dips immer gut gekühlt werden. Dann schmecken sie als »left overs« auch am Tag danach noch sehr gut. Und so steht der Party nach der Party, die viele Gastgeber in den USA lieben, garantiert nichts im Wege. Sie können Dipreste auch wunderbar am nächsten Tag zu einem »Katerfrühstück« servieren oder einfach zum Abendessen genießen. Denn fast alle Dips eignen sich auch hervorragend als Brotaufstrich.

So gelingt die Party perfekt

- Denken Sie bei der Zusammenstellung der Dips daran, dass die Geschmäcker verschieden sind. Bereiten Sie neben sehr scharfen Dips auch mildere Varianten zu. Bieten Sie gegebenenfalls auch Dips für Vegetarier oder Allergiker an.
- Listen Sie die Zutaten der einzelnen Dips auf kleinen Kärtchen auf, plazieren Sie diese neben den Speisen. So können beispielsweise Gäste mit Allergien auswählen, was Ihnen bekommt.
- Garnieren Sie nach Herzenslust, ganz nach Ihrem persönlichem Geschmack. Lassen Sie sich von der Zutatenliste inspirieren. Je nach Dip können Sie dekorieren mit Ananasstücken, Essiggurken, Kopfsalatblättern, Kräutern, z. B. Schnittlauch, Petersilie oder Basilikum, Radieschen, Tomaten, Kresse, roten und grünen Weintrauben, hartgekochten Eiern oder Zitronenachteln.
- Reichen Sie zu den Dips mindestens vier verschiedene Dippers.

Dippers von A–Z

Erlaubt ist, was schmeckt. Zum Dippen eignen sich alle Sorten von Chips, Brot- und Teigwaren sowie Fleisch und Gemüse. Hier ein paar Vorschläge: Artischocken, dickere Gurkenscheiben oder -sticks, knackig gegarte Blumenkohlröschen, Möhrenstreifen, Brezeln, Chips, Pellkartoffeln, Radieschen, gegartes und in Streifen geschnittenes Rind- oder Schweinefleisch, Stangen von Staudensellerie, vorgekochte Shrimps, Toastbrot und andere Brotsorten, Tortillachips und Zucchinistreifen.

Dips blendend gemixt

Für die meisten nachfolgenden Dips benötigen Sie einen elektrischen Standmixer, Blender genannt, mit dem Sie die Zutaten problemlos und schnell grob zerkleinern oder fein pürieren können. Besonders hochwertige Geräte haben einen schweren und robusten Glasaufsatz und ein starkes Edelstahlmesser. In einem Blender können Sie nicht nur Dips einfach und schnell zubereiten, sondern darin auch gleich die passenden Partycocktails mixen und sogar Eis zerkleinern.

Mit dem Standmixer bereiten Sie Dips ganz »easy« zu

Salsa

● Gut vorzubereiten
● Preiswert

Salsa ist ein »Muss« zu Tortilla Chips, schmeckt aber auch gut zu Gemüsesalat und Hähnchenfleisch.

Für 8 Partygäste:

1 große Dose geschälte Tomaten (Abtropfgewicht 480 g)
1/2 grüne Paprikaschote
1/2 rote Paprikaschote
1 Zwiebel
3 Knoblauchzehen
1–2 Chilischoten
Salz • Pfeffer
2 El Zucker
3–5 Tropfen Tabasco
2 EL Zitronensaft

Zubereitungszeit: 30 Min. (ohne Kühlzeit)

Pro Portion ca.: 35 kcal
1 g EW/1 g F/7 g KH

1 Geschälte Tomaten aus der Dose nehmen und mit einer Gabel zerdrücken.

2 Paprikaschoten waschen, putzen und in kleine Stücke schneiden. Zwiebel und Knoblauch schälen und hacken. Chilischoten nicht entkernen, nur putzen, waschen und hacken, dabei den Stielansatz entfernen.

3 Paprika, Chilischoten, Zwiebel und Knoblauch mit Salz, Pfeffer, Zucker, Tabasco und Zitronensaft in den Mixer geben und ca. 45 Sek. mixen.

4 Tomaten zugeben und nochmals ca. 30 Sek. mixen. Vor dem Servieren kühl stellen.

TIPP!

Salsa kann sehr scharf werden. Wenn Sie das Rezept das erste Mal zubereiten, nehmen Sie nur 1 Chilischote und wenig Tabasco, zum Schluss dann eventuell nachwürzen.

Pikanter Olivendip (Tapenade)

● Gelingt leicht
● Raffiniert

Dieser sehr kräftige und würzige Dip passt auf jede Party. Mit französischem Weißbrot oder Brezeln dippen.

Für 8 Partygäste:

400–500 g grüne oder schwarze Oliven (aus dem Glas, entsteint bzw. gefüllt mit Paprika)
1 Zwiebel
2 Knoblauchzehen
1/2 rote Paprikaschote
1/2 Bund Petersilie
120 g geriebener Parmesan
100 g saure Sahne oder Crème fraîche
2 EL Olivenöl
3 EL Kapern
2 EL Aceto Balsamico
1/2 EL gemahlener, schwarzer Pfeffer
3–5 Tropfen Tabasco

Zubereitungszeit: 15 Min. (ohne Kühlzeit)

Pro Portion ca.: 170 kcal
6 g EW/15 g F/6 g KH

1 Ganze Oliven in den Mixer geben, ca. 30 Sek. fein hacken und wieder aus dem Mixer herausnehmen.

2 Zwiebel und Knoblauch schälen und grob hacken. Paprikaschote waschen, putzen und in mundgerechte Stückchen schneiden. Petersilie waschen, Blätter abzupfen.

3 Zwiebel, Knoblauch, Petersilie, Parmesan, saure Sahne oder Crème fraîche, Olivenöl, Kapern, Essig, Pfeffer und Tabasco in den Mixer geben und ca. 1 Min. mixen. Oliven zugeben und kurz untermixen.

4 Dip aus dem Mixer nehmen und in eine Schüssel geben. Mit Paprikastückchen garnieren. Dip vor dem Servieren kühl stellen.

Im Bild vorne: Salsa
Im Bild hinten: Pikanter Olivendip

Avocado-Olivendip

● Preiswert
● Raffiniert

Dieser Dip ist schnell zubereitet und wird mit Weißbrot oder Gemüse gereicht.

Für 8 Partygäste:

1 reife Avocado
1/2 rote Paprikaschote
1/2 Knollensellerie
1 Tomate
250 g grüne Oliven (aus dem Glas, gefüllt mit Paprika)
2–3 Stängel frische Petersilie
1 El Zitronensaft
250 g Frischkäse
2 EL Schmand

Zubereitungszeit: 30 Min. (ohne Kühlzeit)

Pro Portion ca.: 200 kcal 3 g EW/19 g F/5 g KH

1 Avocado schälen, halbieren und entkernen. Paprika waschen und putzen. Sellerie schälen. Tomate waschen. Paprika, Sellerie, Tomate und Oliven in grobe Stücke schneiden. Petersilie waschen und grob hacken.

2 Avocadofruchtfleisch klein schneiden, mit Zitronensaft beträufeln und mit einer Gabel zerdrücken.

3 Avocado, Oliven, Tomate, Paprika, Sellerie, Petersilie mit Frischkäse und Schmand in den Mixer geben und ca. 1 Min. auf mittlerer Stufe mixen.

4 Dip kühl stellen und vor dem Servieren nochmals kurz mit einem Schneebesen verrühren.

> **TIPP!**
> Köstlich schmeckt der Dip in einem Weißbrot, das man an der Oberseite aufschneidet und vorsichtig aushöhlt. Den Dip einfüllen und mit geraspeltem Schweizer Käse bestreuen. Das Brot 10–12 Min. im Backofen überbacken (oben, 180°), bis der Käse geschmolzen ist, dann auf einem Teller anrichten. Die heraus gelösten Brotstücke in Würfel schneiden und dazu servieren.

Spinatdip

● Schnell
● Gelingt leicht

Ein traditionelles Rezept für Gäste, die Deftiges mögen.

Für 8 Partygäste:

300 g TK-Blattspinat
1 kleine Zwiebel
2–3 Stängel frischer Dill
1 kleines Bund Petersilie
500 g saure Sahne
250 g Mayonnaise
1 1/2 EL gekörnte Gemüsebrühe
1 Päckchen getrocknete italienische Salatkräuter (Fertigprodukt)

Zubereitungszeit: 15 Min. (ohne Auftau- und Kühlzeit)

Pro Portion ca.: 310 kcal 4 g EW/33 g F/3 g KH

1 Spinat auftauen lassen und – falls nötig – etwas ausdrücken.

2 Zwiebel schälen und hacken. Dill und Petersilie waschen, trockenschütteln und grob hacken.

3 Spinat, Zwiebel, Dill, Petersilie und saure Sahne mit Mayonnaise, gekörnter Brühe und italienischen Salatkräutern in den Mixer geben und ca. 2 Min. mixen.

4 Dip vor dem Servieren 4–5 Std. kühl stellen.

> **TIPP!**
> Servieren Sie den Dip in einem ausgehöhlten Bauernbrot. Das Innere des Brotes können Sie in mundgerechte Stücke schneiden und zum Dippen reichen.

Im Bild vorne: Avocado-Olivendip
Im Bild hinten: Spinatdip

Dilldip

● Gelingt leicht
● Preiswert

Diesen Dip können Sie mit einer Rohkost- und Gemüseplatte servieren, er schmeckt aber auch zu Kartoffelchips.

Für 8 Partygäste:

1 kleine Zwiebel oder Schalotte
1–2 Stängel frische Petersilie
2–3 Stängel frischer Dill
250 g saure Sahne
75 g Mayonnaise
1 TL Senf
Salz • Pfeffer
1/2 TL Zucker
1/2–1 EL Essig

Zubereitungszeit: 15 Min. (ohne Kühlzeit)

Pro Portion ca.: 110 kcal
1 g EW/11 g F/2 g KH

1 Zwiebel oder Schalotte schälen, grob hacken und in den Mixer geben.

2 Petersilie und Dill waschen, grob hacken und in den Mixer geben. Saure Sahne, Mayonnaise und Senf dazugeben und alles 2–3 Min. mixen. Dip mit Salz, Pfeffer, Zucker und Essig abschmecken und nochmals ca. 1 Min. mixen.

3 Dip aus dem Mixer nehmen und vor dem Servieren 2–3 Stunden kühl stellen.

Currydip

● Schnell
● Gut vorzubereiten

Dieser Dip eignet sich für Gemüsesticks, gegartes Hähnchen oder andere gekochte Fleischstreifen. Auch zu einem Fleischfondue schmeckt er sehr gut.

Für 8 Partygäste:

1 Zwiebel
750 g Mayonnaise
2 EL Currypulver
1 EL Senf
Salz
1/2–1 EL schwarzer, gemahlener Pfeffer
3–5 Tropfen Tabasco
3 EL Crème fraîche

Zubereitungszeit: 10 Min. (ohne Kühlzeit)

Pro Portion ca.: 700 kcal
1 g EW/82 g F/1 g KH

1 Die Zwiebel schälen, grob hacken und in den Mixer geben.

2 Die Mayonnaise, das Currypulver, den Senf, 1 TL Salz, den Pfeffer, den Tabasco und die Crème fraîche zugeben. Alle Zutaten 2–3 Min. mixen.

3 Dip aus dem Mixer nehmen und vor dem Servieren kühl stellen.

> **TIPPS!**
>
> Servieren Sie den Dip in einer ausgehöhlten Zucchinihälfte. Dosieren Sie Pfeffer und Tabasco vorsichtig. Würzen Sie lieber später nach.

Im Bild vorne: Currydip
Im Bild hinten: Dilldip

Auberginendip

● Vegetarisch
● Braucht etwas Zeit

Dieser Dip passt zu Gemüse und Rohkost ausgezeichnet.

Für 8 Partygäste:

2 Auberginen
75 ml Olivenöl
2 Knoblauchzehen
1 kleine Zwiebel
1 rote Paprikaschote
1 grüne Paprikaschote
1 Tomate
2 EL Kapern
1 EL Zitronensaft
1–3 Tropfen Tabasco
Salz
1/2 EL schwarzer, gemahlener Pfeffer
3 EL Aceto Balsamico
1 EL gehacktes Basilikum
125 g grüne Oliven (aus dem Glas, gefüllt mit Paprika)
40 g geriebener Parmesan

Zubereitungszeit: 60 Min. (ohne Kühlzeit)

Pro Portion ca.: 125 kcal 4 g EW/10 g F/6 g KH

1 Backofen auf 200° vorheizen. Auberginen waschen, abtrocknen und rundherum mit 1 EL Olivenöl einpinseln. In eine feuerfeste Form geben und im heißen Backofen (Mitte, Umluft 180°) 30 Min. backen, bis sie weich sind.

2 Inzwischen Knoblauch und Zwiebel schälen und grob hacken. Paprikaschoten waschen, putzen, entkernen und grob hacken. Tomate kurz überbrühen, häuten und grob würfeln.

3 Auberginen aus dem Backofen nehmen, halbieren und mit einem Esslöffel aushöhlen. Die Schalen beiseite legen.

4 Knoblauch, Zwiebel, Paprika, Tomate, Auberginenfruchtfleisch, Kapern, Zitronensaft, Tabasco, 1 TL Salz, Pfeffer, Essig und Basilikum mit dem restlichen Olivenöl in den Mixer geben und alles ca. 2 Min. mixen.

5 Die Gemüsemasse aus dem Mixer in einen Topf geben und unter ständigem Rühren bei schwacher bis mittlerer Hitze 18–20 Min. dünsten.

6 Oliven in Scheiben schneiden. Oliven und Parmesan unter die Gemüsemasse rühren. Dip in eine Schüssel geben und vor dem Servieren kühl stellen.

Kartoffel-Möhrendip

● Gelingt leicht
● Preiswert

Dippen Sie diesen pikanten Gemüsedip mit Gemüsestreifen oder Pitabrot. Sie können den Dip auch als Sauce für einen Gemüsesalat, zum Beispiel mit Erbsen und knackig gegarten Möhren, verwenden.

Für 8 Partygäste:

500 g Möhren
500 g süße Kartoffeln
Salz
3 Knoblauchzehen
1 EL gemahlener Kreuzkümmel (Cumin)
1 EL Zimtpulver
3–4 EL Olivenöl
3 EL Aceto Balsamico
Pfeffer

Zubereitungszeit: 40 Min. (ohne Kühlzeit)

Pro Portion ca.: 120 kcal 2 g EW/6 g F/16 g KH

1 Möhren und Kartoffeln waschen, schälen und in Stücke schneiden. Das Gemüse in wenig Salzwasser in 15–20 Min. weichkochen.

2 Gegartes Gemüse in einem Sieb gut abtropfen lassen und die Kochflüssigkeit dabei auffangen.

3 Das Gemüse in den Mixer geben und ca. 1 Min. pürieren. Sollte die Masse zu fest sein, nach Belieben etwas Kochflüssigkeit dazugeben.

4 Knoblauch schälen und in grobe Stücke hacken. Mit 1 EL Salz, Kümmel, Zimt, Olivenöl, Essig und 1 Prise Pfeffer in den Mixer geben und nochmals etwa 1 Min. pürieren.

5 Dip aus dem Mixer nehmen und vor dem Servieren kühl stellen.

TIPP!

Den Kartoffel-Möhrendip nach Belieben mit Kreuzkümmelkörnern garnieren.

Im Bild vorne: Kartoffel-Möhrendip
Im Bild hinten: Auberginendip

Avocado-Kräuterdip

● Preiswert
● Raffiniert

Dieser Dip ist mein Favorit. Man kann ihn zu allen Gemüsearten essen, ob zu rohen oder gekochten. Der Dip ähnelt einer cremigen Vinaigrette.

Für 8 Partygäste:

1 EL Dijon Senf
1 1/2 EL Aceto Balsamico
1 1/2 EL Zitronensaft
Salz • Pfeffer
1 Prise Zucker
125 ml Olivenöl
1 große reife Avocado
1–2 Knoblauchzehen
1 kleine Zwiebel oder Schalotte
1/2 Bund Petersilie
250 g Frischkäse

Zubereitungszeit: 20 Min.

Pro Portion ca.: 250 kcal
2 g EW/26 g F/2 g KH

1 Senf, Essig, Zitronensaft, 1 EL Salz, Pfeffer und Zucker in einer Schüssel schaumig rühren. Olivenöl nach und nach unterrühren.

2 Avocado schälen, entkernen und das Fruchtfleisch in grobe Stücke schneiden. Knoblauchzehen schälen und grob hacken.

3 Zwiebel oder Schalotte schälen und grob hacken. Petersilie waschen und grob hacken.

4 Avocado, Knoblauch, Zwiebel, Petersilie und Frischkäse in den Mixer geben und ca. 3 Min. mixen. Nach und nach Essig-Öl-Vinaigrette untermixen.

5 Dip aus dem Mixer nehmen und sofort servieren.

TIPP!

Praktisch ist es, bei der Zubereitung eine Küchenmaschine zu verwenden. So wird das Olivenöl sehr gleichmäßig untergerührt und bildet eine feine Emulsion mit den übrigen Zutaten.

Spargeldip

● Gelingt leicht
● Gut vorzubereiten

Ein idealer Dip für Gemüsestücke, z. B. Artischocken. Schmeckt toll als Dressing zu einem Spargelsalat.

Für 8 Partygäste:

250 g gekochter Spargel (aus dem Glas)
4 sehr frische Eigelbe
1 EL Senf
1 EL Essig
Salz • Pfeffer
325 ml Öl

Zubereitungszeit: 25 Min. (ohne Kühlzeit)

Pro Portion ca.: 290 kcal
2 g EW/31 g F/1 g KH

1 Spargel aus dem Glas nehmen und sehr gut abtropfen lassen. Spargel in Stücke schneiden, in den Mixer geben und pürieren.

2 Für eine Mayonnaise Eigelbe mit Senf, Essig, Salz und Pfeffer in einer Schüssel schaumig rühren. Öl nach und nach tröpfchenweise unterrühren.

3 Spargelpüree zugeben und unterrühren. Vor dem Servieren kühl stellen.

TIPP!

Besonders fein schmeckt der Dip, wenn Sie ihn in der Spargelzeit mit frischem Spargel zubereiten, etwa mit dem preiswerten Bruchspargel.
Dazu Spargelstangen oder -stücke schälen, in kochendem Salzwasser in 20–25 Min. weich kochen und abkühlen lassen, dann pürieren.

Im Bild vorne: Avocado-Kräuterdip
Im Bild hinten: Spargeldip

Tomaten-Bohnendip

● Schnell
● Preiswert

Schmeckt sehr gut zu
Weißbrot.

Für 8 Partygäste:

1 große Dose
weiße Bohnen
(Abtropfgewicht 500 g)
1 große Dose
geschälte Tomaten
(Abtropfgewicht 480 g)
3 Knoblauchzehen
1 große Zwiebel
1/2 Bund Basilikum
2 EL Olivenöl • Salz
1/2 EL schwarzer,
gemahlener Pfeffer
1/2 EL gemahlener
Kreuzkümmel (Cumin)

Zubereitungszeit: 15 Min.
(ohne Kühlzeit)

Pro Portion ca.: 130 kcal
7 g EW/2 g F/18 g KH

1 Bohnen und Tomaten aus der Dose nehmen und abtropfen lassen.

2 Knoblauch und Zwiebel schälen und hacken. Basilikum waschen und hacken.

3 Bohnen, Tomaten, Knoblauch, Zwiebel, Basilikum, Olivenöl, 1 TL Salz, Pfeffer und Kreuzkümmel in den Mixer geben.

4 Alles ganz kurz mixen, so dass die Masse grob zerkleinert ist. Der Dip soll nicht fein püriert sein.

5 Dip aus dem Mixer nehmen und zugedeckt kühl stellen.

TIPP!

Ich reiche diesen Dip gerne als vegetarisches, warmes Hauptgericht. Heben Sie dazu 300 g saure Sahne unter den Dip und geben Sie alles in eine feuerfeste Form. Im vorgeheizten Backofen bei 180° ca. 20 Min. backen. Frisch geriebenen Parmesan darüber streuen und nochmals ca. 10 Min. weiter backen, bis der Käse leicht gebräunt ist.

Roter Paprikadip

● Gelingt leicht
● Gut vorzubereiten

Dieser Dip passt toll zu frischem Gemüse und schmeckt auch sehr gut als Brotaufstrich. Prima auch zum »Katerfrühstück« auf frischen Brötchen.

Für 8 Partygäste:

500 g rote Paprikaschoten
2 Zwiebeln
250 g Frischkäse
1–2 EL Zitronensaft
1 TL Aceto Balsamico
1/2 TL grob gemahlener,
schwarzer Pfeffer

Zubereitungszeit: 10 Min.
(ohne Kühlzeit)

Pro Portion ca.: 100 kcal
2 g EW/9 g F/3 g KH

1 Paprikaschoten waschen, entkernen und in grobe Stücke schneiden. Dabei die Stielansätze entfernen. Zwiebeln schälen und fein würfeln.

2 Paprika, Frischkäse, Zwiebeln, Zitronensaft, Essig und Pfeffer in den Mixer geben und ca. 1 Min. leicht pürieren.

3 Dip aus dem Mixer nehmen und vor dem Servieren kühl stellen.

TIPP!

Servieren Sie den Dip in ausgehöhlten Paprikaschoten-Hälften. Sie können ihn auch nach Belieben noch mit gewürfelten Paprikaschoten garnieren.

Im Bild vorne: Roter
Paprikadip
Im Bild hinten: Tomaten-
Bohnendip

Muschel-Quarkdip

● Gelingt leicht
● Raffiniert

Am besten schmeckt
dieser Dip zu Kräckern
oder auch mal zu
Kartoffelchips.

Für 8 Partygäste:

250 g Muscheln im Sud
(ohne Schalen,
aus dem Glas)
250 g Magerquark
4–6 Tropfen Tabasco
1/2 EL Worcester-Sauce
1/2 EL Zwiebelsalz
Salz
2 EL Créme fraîche

Zubereitungszeit: 15 Min.

Pro Portion ca.: 55 kcal
7 g EW/2 g F/1 g KH

1 Muscheln abgießen,
dabei den Sud auf-
fangen.

2 Magerquark, Tabas-
co, Worcester-Sauce,
Zwiebelsalz, 1 EL Salz,
Crème fraîche und 1 EL
Muschelsud in den
Mixer geben. Alles
1–2 Min. mixen, bis
eine homogene Masse
entstanden ist.

3 Masse aus dem Mixer
in eine Schüssel geben.
Muscheln unterheben
und den Dip sofort ser-
vieren.

TIPP!

Ersetzen Sie den Quark
durch Schmand. An-
sonsten wie im Rezept
beschrieben vorgehen.
Diese Masse eignet sich
hervorragend als Belag
für Quiche! Nach Belie-
ben können Sie Meeres-
früchte zugeben.

Wasserkastanien-
Krabbendip

● Gelingt leicht
● Gut vorzubereiten

Probieren Sie den
außergewöhnlichen Dip
zu Kräckern. Aber auch
zu Toast passt er ausge-
zeichnet.

Für 8 Partygäste:

200 g Wasserkastanien
(aus der Dose)
2 kleine Zwiebeln
1/2 Bund Petersilie
1 TL Cognac
125 g Mayonnaise
1–2 EL Sojasauce
1–2 EL Zitronensaft
500 g gekochte, geschälte
Krabben oder Garnelen

Zubereitungszeit: 15 Min.
(ohne Kühlzeit)

Pro Portion ca.: 190 kcal
12 g EW/15 g F/4 g KH

1 Die Wasserkastanien
aus der Dose nehmen
und fein schneiden. Die
Zwiebeln schälen und
fein hacken. Die Peter-
silie waschen und fein
hacken.

2 Wasserkastanien,
Zwiebeln, Petersilie,
Cognac, Mayonnaise,
Sojasauce und Zitro-
nensaft in eine Schüs-
sel geben und vor-
sichtig verrühren.

3 Einige Krabben oder
Garnelen zum Garnie-
ren beseite legen. Übri-
ge Krabben vorsichtig
unterheben.

4 Den Dip mit den
restlichen Krabben oder
Garnelen garnieren und
vor dem Servieren kühl
stellen.

Im Bild vorne: Wasser-
kastanien-Krabbendip
Im Bild hinten: Muschel-
Quarkdip

Lachsdip

● Gelingt leicht
● Raffiniert

Den frischen Dip mit Lachs servieren Sie am besten zu Kräckern oder Weißbrot.

Für 8 Partygäste:

250 g Frischkäse
450 g Räucherlachs
1 kleine Zwiebel
1 EL Zitronensaft
Salz
2–3 Stängel frische Petersilie
2–5 EL Sahne

Zubereitungszeit: 20 Min.

Pro Portion ca.: 265 kcal
18 g EW/21 g F/2 g KH

1 Frischkäse in den Mixer geben und cremig rühren.

2 Lachs in Streifen schneiden, Zwiebel schälen, grob hacken und mit dem Lachs, dem Zitronensaft und 1/2 EL Salz in den Mixer geben.

3 Petersilie waschen. 1 Stängel zum Garnieren beiseite legen. Die übrigen Blättchen abzupfen und zum Lachs geben. Alles 1–2 Min. mixen.

4 Den Dip nach Belieben mit Sahne verdünnen, bis er die gewünschte Konsistenz erreicht hat. Übrige Petersilienblättchen abzupfen. Dip damit garnieren.

Avocado-Krabbendip

● Schnell
● Gut vorzubereiten

Dieser sehr cremige und delikate Dip wird gern zu Knäckebrot, Kräckern und Toastbrot gereicht.

Für 8 Partygäste:

2 große reife Avocados
75 ml Zitronensaft
250 g Frischkäse
1 kleine Zwiebel
Salz • Pfeffer
2–4 EL Milch zum Verdünnen
250 g gekochte, geschälte Krabben oder Garnelen

Zubereitungszeit: 10 Min. (ohne Kühlzeit)

Pro Portion ca.: 250 kcal
8 g EW/23 g F/2 g KH

1 Avocados schälen und entkernen. Das Fruchtfleisch grob zerkleinern. Avocadostücke mit dem Zitronensaft in den Mixer geben und pürieren.

2 Den Frischkäse dazugeben. Die Zwiebel schälen, grob hacken und ebenfalls hinzufügen.

3 Dip mit Salz und Pfeffer würzen und ca. 1 Min. mixen.

4 Löffelweise Milch dazugeben und solange mixen, bis der Dip die gewünschte Konsistenz erreicht hat.

5 Dip in eine Schüssel geben, die Krabben mit einem Löffel unterheben und Dip vor dem Servieren 1 Std. kühl stellen.

Im Bild vorne: Avocado-Krabbendip
Im Bild hinten: Lachsdip

Avocadodip

● Schnell
● Gelingt leicht

Dieser kalte Dip kann mit allen Sorten von Chips gereicht werden. Er schmeckt auch als Brotaufstrich.

Für 8 Partygäste:

2 große reife Avocados
1 kleine Zwiebel
125 g saure Sahne oder Schmand
4 EL Zitronensaft
3–5 Tropfen Tabasco
Salz • Pfeffer

Zubereitungszeit: 10 Min.

Pro Portion ca.: 145 kcal
2 g EW/15 g F/1 g KH

1 Avocados schälen und entkernen. Fruchtfleisch grob zerkleinern. Zwiebel schälen und grob hacken.

2 Avocados, Zwiebel, saure Sahne oder Schmand, Zitronensaft und Tabasco in den Mixer geben und 2–3 Min. mixen, bis die Masse weich ist.

3 Den Dip aus dem Mixer nehmen, mit Salz und Pfeffer pikant abschmecken und sofort servieren.

TIPP!

Zum Aufbewahren einen Avocadokern zum Dip geben. So wird der Dip nicht dunkel und schmeckt auch noch am nächsten Tag.

Guacamole

● Vegetarisch
● Klassiker

Diesen typisch mexikanischen Dip, der auf keiner Party fehlen darf, serviert man zu Tortilla- oder anderen Chips, Kräckern, aber auch zu gegrilltem oder gekochtem Fleisch oder gedünstetem Fisch.

Für 8 Partygäste:

4 große reife Avocados
2 Zitronen
2 Knoblauchzehen
125 g Zwiebeln
1 grüne Paprikaschote
125 g reifer Cheddar Käse
1 Tomate

Zubereitungszeit: 25 Min.

Pro Portion ca.: 325 kcal
7 g EW/32 g F/2 g KH

1 Avocados schälen, entkernen, in grobe Stücke schneiden.

2 Avocados in den Mixer geben und ca. 1 Min. pürieren. Zitronen pressen. Den Saft dazu gießen und gut unterrühren.

3 Knoblauch schälen und fein hacken. Zwiebeln schälen und fein hacken.

4 Paprika waschen, putzen und in feine Stückchen schneiden. Dabei Stielansatz und Kerne entfernen. Cheddar Käse raspeln.

5 Avocadomasse, Knoblauch, Zwiebel, Paprika und Cheddar in eine Schüssel geben und gut vermischen.

6 Zum Garnieren Tomate waschen, würfeln und über dem Dip verteilen. Zum Schluss Avocadokern in die Mitte setzen.

VARIANTE

Guacamole kann man auch in einer »Chunky« Version herstellen (chunky: grobe Stücke). Man gibt zum Grundrezept zusätzlich je 1 grüne und 1 rote gehackte Paprikaschote, 2 hart gekochte, gehackte Eier und 100 g gehackte Oliven (je nach Geschmack grüne oder schwarze). Soll die Guacamole sehr cremig sein, 2–4 EL Mayonnaise unterrühren.

Im Bild vorne: Avocadodip
Im Bild hinten: Guacamole

Chutney-Krabbendip

● Schnell
● Gelingt leicht

Diesen Dip serviert man am besten mit knackigem Gemüse (Möhren, Radieschen) oder Kräckern.

Für 8 Partygäste:

1–2 Knoblauchzehen
250 g Frischkäse
2 EL Currypulver
1 TL Kurkuma
75 g Mango Chutney (Fertigprodukt)
Salz
200 g gekochte, geschälte Krabben oder Garnelen
125 g saure Sahne
2–3 Stängel Petersilie

Zubereitungszeit: 15 Min. (ohne Kühlzeit)

Pro Portion ca.: 160 kcal
7 g EW/11 g F/9 g KH

1 Knoblauch schälen und grob hacken.

2 Knoblauch, Frischkäse, Currypulver, Kurkuma, Chutney und 1/2 TL Salz in den Mixer geben und in ca. 1 Min. cremig mixen.

3 Masse aus dem Mixer in eine Schüssel geben. Krabben und saure Sahne unterrühren. Dip kühl stellen.

4 Vor dem Servieren Petersilie waschen, hacken und über den Dip streuen.

Gemixter Käsedip

● Gut vorzubereiten
● Raffiniert

Ein Klassiker unter den Dips. Ebenso einfach wie delikat!

Für 8 Partygäste:

250 g Cheddar Käse
300 g Gorgonzola Käse
150 g Roquefort
250 g Frischkäse
250 g weiche Butter
75–125 ml Sahne
1–2 Spritzer Worcester-Sauce
3–5 Tropfen Tabasco
Salz

Zubereitungszeit: 15 Min.

Pro Portion ca.: 675 kcal
21 g EW/65 g F/2 g KH

1 Cheddarkäse grob raspeln. Gorgonzola und Roquefort in grobe Stücke schneiden. Alle Käsesorten mit dem Frischkäse und der Butter in den Mixer geben und ca. 3 Min. mixen.

2 Nach Belieben Sahne untermixen, bis die gewünschte Konsistenz erreicht ist.

3 Dip zum Schluss mit Worcester-Sauce, Tabasco und Salz abschmecken und nochmals kurz mixen.

> **TIPP!**
>
> In Amerika wird der Dip meist zusätzlich mit altem englischen Käse verfeinert. Den pikanten Hartkäse finden Sie hierzulande allerdings nur selten im Supermarkt oder Käsegeschäft. Falls Sie welchen bekommen können, mixen Sie noch gut 100 g davon unter den Dip.

Im Bild vorne: Chutney-Krabbendip
Im Bild hinten: Gemixter Käsedip

Käse-Creme

● Gelingt leicht
● Preiswert

Probieren Sie den Dip zu Rohkost, z. B. Kohlrabi oder Möhren.

Für 8 Partygäste:

150 ml gut gewürzte Gemüsebrühe
450 g Frischkäse
100 g Zwiebeln
4 EL Zitronensaft
2 Knoblauchzehen
2–3 Stängel frischer Dill
Salz

Zubereitungszeit: 20 Min. (ohne Kühlzeit)

Pro Portion ca.: 200 kcal
5 g EW/17 g F/7 g KH

1 Die heiße Gemüsebrühe abkühlen lassen. Den Frischkäse in den Mixer geben.

2 Zwiebeln schälen, grob hacken und mit dem Zitronensaft in den Mixer geben. Alles cremig rühren. Die abgekühlte Brühe dazugießen und alles auf kleiner Stufe kurz durchmixen.

3 Knoblauch schälen und grob hacken. Dill waschen und Blättchen von den Stängeln zupfen.

4 Knoblauch, Dill und 1 Prise Salz in den Mixer geben und mit den übrigen Zutaten etwa 1 Min. mixen. Dip vor dem Servieren kühl stellen.

TIPP!

Die Käse-Creme eignet sich gut als Sandwichaufstrich, besonders wenn man etwas Räucherlachs beigibt.

Nuss-Käsedip

● Gut vorzubereiten
● Raffiniert

Ein außergewöhnlicher Dip, der sehr gut mit Brot, Kräckern oder Fleischgerichten harmoniert.

Für 8 Partygäste:

250 g Pecan- oder Walnusskerne
1 Knoblauchzehe
250 g Frischkäse
2 EL Sojasauce
3–5 Tropfen Tabasco
1 EL grob gemahlener, schwarzer Pfeffer
2–5 EL Sahne

Zubereitungszeit: 10 Min.

Pro Portion ca.: 325 kcal
5 g EW/32 g F/3 g KH

1 Pecan- oder Walnusskerne grob hacken. Knoblauch schälen und grob hacken.

2 Nüsse, Knoblauch, Frischkäse, Sojasauce, Tabasco und Pfeffer in den Mixer geben und ca. 2 Min. mixen.

3 Nach Belieben etwas Sahne unterrühren, bis die gewünschte Konsistenz erreicht ist.

VARIANTE

Verwenden Sie anstatt Frischkäse 250 g Fetakäse. Feta in den Mixer geben, 2 EL Olivenöl, 3 EL Milch und 1 TL Kräuter der Provence zugeben und etwa 1 Min. mixen, bis eine glatte Masse entstanden ist. Anschließend übrige Zutaten aus dem Rezept zugeben. Die provençalische Variante des Nuss-Käsedips schmeckt sehr gut zu rohem Gemüse und Baguette.

Im Bild vorne: Käse-Creme
Im Bild hinten: Nuss-Käsedip

Drei-Käsedip

- Schnell
- Gelingt leicht

Für Käseliebhaber ist dieser Dip ein »Muss«! Reichen Sie ihn mit geröstetem Brot oder Roggenbrotscheiben.

Für 8 Partygäste:

125 g weiche Butter
125 g geriebener Edamer
125 g geriebener Parmesan
125 g Edelschimmelkäse oder 150 g Schafskäse
1 1/2 EL Paprikapulver
Salz
75 g Crème fraîche

Zubereitungszeit: 15 Min.

Pro Portion ca.: 335 kcal
13 g EW/31 g F/0 g KH

1 Butter in den Mixer geben und kurz mixen. Edamer und Parmesan dazugeben.

2 Schimmelkäse oder Schafskäse fein zerbröckeln und mit dem Paprikapulver und 1/2 EL Salz ebenfalls in den Mixer geben. Alles ca. 3 Min mixen.

3 Zum Schluss Crème fraîche dazugeben und den Dip nochmals auf kleinster Stufe ganz kurz mixen.

VARIANTE

Bereiten Sie den Drei-Käsedip einmal mit frischem Basilikum zu. Dazu 1/2–1 Bund Basilikum waschen und trockenschütteln. Die Blättchen in feine Streifen schneiden und unter die Käsecreme rühren. Den Dip statt mit Paprikapulver mit schwarzem Pfeffer aus der Mühle würzen.

Schinkendip

- Preiswert
- Raffiniert

Diesen Dip reicht man zu getoastetem Weißbrot oder Bauernbrot.

Für 8 Partygäste:

1 grüne Paprikaschote
1 säuerlicher Apfel
250 g gekochter Schinken in Scheiben
100 g Mixed Pickles (aus dem Glas)
150 g Mayonnaise
1 TL Senf
Salz
6–10 Tropfen Tabasco

Zubereitungszeit: 20 Min.

Pro Portion ca.: 210 kcal
7 g EW/20 g F/3 g KH

1 Paprika und Apfel waschen. Apfel schälen und in Stücke schneiden, dabei das Kernhaus entfernen. Paprika in Würfel schneiden. Dabei die Kerne und den Stielansatz entfernen. Schinken und Mixed Pickles klein schneiden.

2 Paprika, Apfel, Schinken und Mixed Pickles in den Mixer geben und 1–2 Min. mixen, bis alles fein zerkleinert ist.

3 Mayonnaise, Senf, 1/2 TL Salz und Tabasco in den Mixer hinzugeben und alles nochmals ca. 1 Min. mixen.

TIPP!

Wer den Dip dünnflüssiger mag, kann löffelweise Milch oder Sahne untermixen. So lässt sich der Schinkendip leichter aufs Brot streichen.

Im Bild vorne links: Drei-Käsedip
Im Bild vorne rechts: Schinkendip

Ingwer-Sesamdip

● Schnell
● Preiswert

Dieser Dip eignet sich hervorragend zu Fleischspießchen, z. B. mit Hähnchenfleisch.

Für 8 Partygäste:

2 EL Sesamkörner
500 g saure Sahne oder
250 g saure Sahne und
250 g Schmand
2 1/2 EL Sojasauce
4 EL Worcester-Sauce
1 EL Ingwerpulver
1–2 EL Crème fraîche

Zubereitungszeit: 10 Min. (ohne Kühlzeit)

Pro Portion ca.: 115 kcal
3 g EW/10 g F/4 g KH

1 Sesam in einer Pfanne ohne Fett anrösten.

2 Saure Sahne oder saure Sahne und Schmand, Sojasauce, Worcester-Sauce, Ingwerpulver und gerösteten Sesam in den Mixer geben und 1–2 Min. mixen.

3 Zum Schluss Crème fraîche unter die Masse mixen. Den Dip aus dem Mixer nehmen und vor dem Servieren mindestens 4 Std. kühl stellen.

VARIANTE

Verwenden Sie den Dip als Sauce für einen Nudelsalat: Dazu 200–300 g Spaghetti kochen, kalt abschrecken und abtropfen lassen. Bereiten Sie etwa das halbe Dip-Rezept zu und geben 350 g gewürfelten, gekochten Schinken nach Belieben, 75 g geröstete Erdnüsse, 50 g geröstete Cashewkerne, 2–3 EL Essig und 1 große, gewürfelte Paprikaschote dazu. Alles verrühren, anschließend Spaghetti unterheben und vor dem Servieren 1–2 Std. kühl stellen.

Mango-Chutneydip

● Gelingt leicht
● Raffiniert

Dieser Dip schmeckt auch als Brotaufstrich. Dann wird das Chutney jedoch nicht untergerührt.

Für 8 Partygäste:

350 g Frischkäse
3 EL Mayonnaise
3–4 Scheiben Schinkenspeck
1 kleine Zwiebel
250 g Mango-Chutney (Fertigprodukt)
125 g Kokosraspeln
3 EL gehackte Mandeln
3–4 EL Rosinen
2 EL Currypulver

Zubereitungszeit: 25 Min. (ohne Kühlzeit)

Pro Portion ca.: 465 kcal
8 g EW/35 g F/31 g KH

1 Frischkäse und Mayonnaise mit dem Handrührgerät cremig rühren.

2 Schinkenspeck knusprig anbraten, dann in feine Würfel schneiden. Zwiebel schälen und fein hacken.

3 Das Mango-Chutney – falls nötig – mit einem großen Messer feiner hacken.

4 Schinkenspeck, Zwiebel, 100 g Kokosraspeln, Mango-Chutney, Mandeln, Rosinen und Currypulver nach und nach zum Frischkäse geben und gut verrühren.

5 Den Dip kühl stellen, zum Servieren mit den restlichen Kokosraspeln garnieren.

Im Bild vorne: Ingwer-Sesamdip
Im Bild hinten: Mango-Chutneydip

Für feurige Genießer: Heiße Dips

Heiße Dips sind typisch amerikanisch. In den einzelnen Bundesstaaten habe ich viele unterschiedliche Dip-Spezialitäten kennengelernt. Die meisten begeisterten mich durch ihre feurige Schärfe.

Einige heiße Dips sind echte Klassiker, über alle Grenzen hinweg sehr bekannt, andere sind regionale Highlights, Familienrezepte, die von Party zu Party gereicht und dabei gern variiert werden. Oft entstehen auf diese Art ganz neue, tolle Rezepte.

Käse, Tomaten oder Oliven: Mit einfachen Zutaten lassen sich tolle Dips zaubern.

Mehr als nur ein Snack

Heiße Dips kommen auf jeder Party gut an. Sie eignen sich nicht nur als Snack, sondern sind ebenso komplettes Hauptgericht. Die Mengen in den folgenden Rezepten sind großzügig berechnet. Zudem stecken in den Dips meist gehaltvolle Zutaten wie Käse, Sahne, Avocados oder Kidney-Bohnen. Deshalb reicht ein Dip-Rezept für 8 Party-Gäste als üppiger Imbiss. Wollen Sie Ihren Gästen eine sättigende Hauptmahlzeit servieren, so müssen Sie die Zutatenmengen nur geringfügig erhöhen und mehrere Dippers anbieten. Heiße Dips schmecken auch als ganz normales Mittag- oder Abendessen. Dann reicht die Menge in den folgenden Rezepten etwa für 6 Personen.

Heiße Dips haben`s in sich

Bestandteile der sehr würzigen heißen Dips sind häufig Kidney-Bohnen und Käse sowie Chili, mal als Gewürzpulver, mal als Schote. Chili ist sehr scharf! Dosieren Sie Pulver und Schoten vorsichtig. Würzen Sie lieber später noch einmal nach, falls Sie es feurig mögen.
Die Konsistenz der Dips reicht von cremig-flüssig bis fest. Die Zutaten werden in der Regel weich gekocht.

Tipps & Tricks

- Schnell und unproblematisch lassen sich viele heiße Dips mit einem elektrischen Standmixer zubereiten. Ersatzweise können Sie die Zutaten auch mit einem Pürierstab zerkleinern.
- Die Zutaten für heiße Dips, z. B. Kidney-Bohnen, Tacosauce oder spezielle Würzmischungen, finden Sie in größeren Supermärkten. Die meisten haben mittlerweile ein breites Angebot an Lebensmitteln aus Übersee.

- Das Auge isst mit. Deshalb schmeckt ein appetitlich dekorierter Dip gleich noch besser: Garnieren Sie heiße Dips z. B. mit Salatblättern, Kräutern, Zwiebeln, Tomaten, schönen Pilzen, Paprikastückchen oder anderen Gemüsestückchen oder Kräutern, die als Zutaten im Dip enthalten sind.
- Einige Dips werden in einer Auflaufform, andere im Fonduetopf zubereitet. Darin können Sie die Dips auch servieren. Manche Dips können auch in »natürlichen« Gefäßen gereicht werden, z. B. in einem ausgehöhlten Grau- oder Weißbrot. Das Brotinnere eignet sich – in mundgerechte Stückchen geschnitten – bestens zum Dippen.
- Auch aufgeschnittene und ausgehöhlte Bagels und Brötchen sowie Paprikaschoten oder Zucchini lassen sich toll füllen.
- Ganz wichtig: Damit ein Dip im Fonduetopf oder in der Auflaufform lange heiß bleibt, servieren Sie ihn am besten auf einem Rechaud oder Stövchen.

Streifen und Sticks für heiße Dips

Heiße Dips lassen sich gut mit Rind- oder Schweinefleisch dippen. Ebenfalls sehr beliebt: Hähnchenstreifen oder auch Chicken-Wings. Das Fleisch jeweils nach dem Garen in mundgerechte Stücke schneiden und auf einer Platte oder einem Teller dekorativ arrangieren. Auch Fisch und Meeresfrüchte, z. B.

Garnelen, kann man als Dippers verwenden. Gemüse, Fisch und/oder Fleisch machen aus dem heißen Snack ein Hauptgericht, das schnell und einfach zubereitet ist.
Zu heißen Dips passen auch sehr gut klassische Dippers wie Kartoffelchips, Tortillachips oder Laugengebäck. Und auch fast alle Brotsorten, etwa Weißbrot, Graubrot, Brötchen oder Toastbrot schmecken dazu.

Chips und Chicken-Wings, Krabben- oder Rindfleischstreifen eignen sich als Dippers.

Chili con Queso

● Vegetarisch
● Gelingt leicht

Dieser Dip ist sehr cremig und pikant, meist wird er zu Tortilla Chips serviert.
Ich bevorzuge ihn aber zu Eiern oder Fisch. Chili con Queso schmeckt auch zu Hühnchen oder Pastagerichten.

Für 8 Partygäste:

1 Zwiebel
2 EL Butter
2–4 Chilischoten
250 g Pizzatomaten (aus der Dose)
125 g Cheddar Käse
125 g Leerdamer Käse
250 g Sahne
Salz • Pfeffer

Zubereitungszeit: 35 Min.

Pro Portion ca.: 240 kcal
9 g EW/22 g F/2 g KH

1 Zwiebel schälen und fein hacken. Butter in einer Pfanne erhitzen. Zwiebel darin glasig dünsten.

2 Chilischoten waschen, putzen, entkernen und fein hacken. Tomaten in einen Topf geben und mit den Chilischoten 15–18 Min. zugedeckt leicht köcheln lassen.

3 Inzwischen Cheddar und Leerdamer Käse reiben. Unter ständigem Rühren Sahne zu den Tomaten geben. Geriebenen Käse unterrühren und solange rühren, bis der Käse geschmolzen ist. Dann die gedünstete Zwiebel unterrühren.

4 Den Dip mit Salz und Pfeffer abschmecken, in eine feuerfeste Form geben und auf einem Rechaud heiß servieren.

Nachodip

● Braucht etwas Zeit
● Raffiniert

Reichen Sie dazu Tortilla Chips oder Taco Shells.

Für 8 Partygäste:

1–2 reife Avocados
2 Knoblauchzehen
250 g saure Sahne
Salz • Pfeffer
250 g Bratwurst (grob)
250 g Rinderhackfleisch
1 große Zwiebel
2 Dosen Kidney-Bohnen (Abtropfgewicht je 255 g)
2–4 grüne Chilischoten
300 g geriebener, milder Cheddar Käse
200 ml Tacosauce oder Pfeffersauce (Fertigprodukt)
200 g schwarze Oliven
75 g Schalotten
Öl für die Form

Zubereitungszeit: 60 Min.

Pro Portion ca.: 570 kcal
25 g EW/46 g F/16 g KH

1 Avocados halbieren, entkernen und schälen. Knoblauch schälen und hacken.

2 Avocados fein zerdrücken und mit 200 g saurer Sahne und Knoblauch verrühren. Mit Salz und Pfeffer abschmecken. Avocadokern dazugeben und zur Seite stellen.

3 Backofen auf 200° vorheizen. Bratwurst in Scheiben schneiden und mit dem Rinderhack in einer beschichteten Pfanne anbraten. Fleisch aus der Pfanne nehmen, eventuell ausgebratenes Fett aus der Pfanne entfernen.

4 Zwiebel schälen, fein hacken, in der Pfanne glasig dünsten und salzen.

5 Kidney-Bohnen abschütten und mit einer Gabel zerdrücken. Bohnen in eine geölte Auflaufform geben, die Fleischmasse darüber schichten.

6 Chilischoten waschen, putzen, entkernen und hacken. Mit der gedünsteten Zwiebel über die Fleischmasse streuen. Darüber Cheddar Käse geben. Alles mit Tacosauce oder Pfeffersauce übergießen und im heißen Backofen (Mitte, Umluft 180°) 20–25 Min. backen. Inzwischen Oliven entkernen und hacken. Schalotten schälen und fein hacken.

7 Backform aus dem Ofen nehmen und restliche saure Sahne auf den Dip streichen. Avocadomasse in der Mitte aufhäufen. Oliven und Schalotten über die Masse streuen und alles nochmals für 5 Min. in den Backofen geben. Dip heiß auf einem Rechaud servieren.

**Im Bild vorne: Nachodip
Im Bild hinten: Chili con Queso**

Käse-Bohnendip

● Braucht etwas Zeit
● Gut vorzubereiten

Servieren Sie den Dip mit Weißbrot oder Tacochips.

Für 8 Partygäste:

150 g getrocknete Kidney-Bohnen
1 kleine Zwiebel
250 g saure Sahne oder Schmand
250 g Frischkäse
1 Päckchen Taco-Gewürzmischung (Fertigprodukt)
1 Dose Mais (Abtropfgewicht 285 g)
125 g Leerdamer
125 g Cheddar Käse
Öl für die Form

Zubereitungszeit: 45 Min.
Einweichzeit: 8 Std.
Garzeit: 1 1/2–2 Std.

Pro Portion ca.: 460 kcal
22 g EW/24 g F/48 g KH

1 Die Bohnen in einem Sieb kalt abbrausen. Dann in 1 l Wasser mindestens 8 Std., am besten über Nacht, einweichen. Am nächsten Tag Kidney-Bohnen in 1 1/2–2 Std. zugedeckt bei mittlerer Hitze in dem Einweichwasser weich kochen. Gegarte Bohnen abschütten und mit einer Gabel zerdrücken.

2 Backofen auf 180° vorheizen. Zwiebel schälen und fein hacken.

3 Kidney-Bohnen, Zwiebel, saure Sahne oder Schmand, Frischkäse und Gewürzmischung verrühren und in eine geölte Backform geben. Mais abschütten und unterrühren.

4 Leerdamer und Cheddar in kleine Stifte schneiden. Den Dip mit Käse bestreuen und im heißen Backofen (Mitte, Umluft 160°) 20–25 Min. backen. Heiß in der Form servieren.

> **TIPP!**
> Wenn's schnell gehen soll, können Sie auch vorgegarte Bohnen aus der Dose verwenden.

Hot and Spicy

● Vegetarisch
● Gelingt leicht

Reichen Sie zu diesem Dip Tortilla-Chips, getoastetes Bauernbrot oder auch Baguette.

Für 8 Partygäste:

2 reife Avocados
Salz
2 EL Zitronensaft
400 g saure Sahne
125 g Crème fraîche
1 Päckchen Taco-Gewürzmischung (Fertigprodukt)
2 Dosen Kidney-Bohnen (Abtropfgewicht je 255 g)
1 kleine Zwiebel
2 Tomaten
300 g grüne oder schwarze Oliven
250 g Cheddar Käse
Öl für die Form

Zubereitungszeit: 20 Min.
Garzeit: 30 Min.

Pro Portion ca.: 470 kcal
14 g EW/40 g F/15 g KH

1 Avocados halbieren, entkernen, schälen und grob zerkleinern.

2 Avocados, 1 TL Salz und Zitronensaft in den Mixer geben und ca. 1 Min. pürieren. Den Backofen auf 180° vorheizen. Avocadomasse in eine geölte Backform geben.

3 Saure Sahne, Crème fraîche und Taco-Gewürzmischung verrühren und über der Avocadomasse verteilen.

4 Kidney-Bohnen abschütten und mit einer Gabel fein zerdrücken. Zwiebel schälen und grob hacken. Tomaten waschen und ohne die Stielansätze würfeln. Oliven entkernen und fein hacken.

5 Bohnenmasse, Zwiebel, Tomaten, Oliven verrühren und über die Avocadomasse geben.

6 Käse in Stifte schneiden. Den Dip mit Käse bestreuen und im heißen Backofen (Mitte, Umluft 160°) 25–30 Min. backen. Den heißen Dip auf einem Rechaud servieren.

Im Bild vorne: Käse-Bohnendip
Im Bild hinten: Hot and Spicy

Südstaatendip

● Braucht etwas Zeit
● Klassiker

Wenn Sie den Dip ohne Rinderhackfleisch zubereiten, bekommen Sie eine tolle vegetarische Variante. Servieren Sie den Südstaatendip mit Tortillachips oder anderen Chips.

Für 8 Partygäste:

500 g Rinderhackfleisch
2 Zwiebeln
4 Dosen Kidney-Bohnen (Abtropfgewicht je 225 g)
500 g Cheddar Käse
2 Päckchen Taco-Gewürzmischung (Fertigprodukt)
4–6 Tropfen Tabasco
2–5 EL Milch zum Verdünnen

Zubereitungszeit: 45 Min.

Pro Portion ca.: 490 kcal
36 g EW/30 g F/20 g KH

1 Rinderhackfleisch in einer beschichteten Pfanne bei mittlerer bis starker Hitze braun anbraten. Rinderhackfleisch aus der Pfanne nehmen.

2 Zwiebeln schälen, hacken und 5 Min. bei schwacher bis mittlerer Hitze in der Pfanne andünsten, aus der Pfanne nehmen.

3 Kidney-Bohnen abschütten und mit einer Gabel zerdrücken. Cheddar Käse in feine Stifte schneiden.

4 Die Hälfte der Zwiebelwürfel, Cheddar Käse, Kidney-Bohnen, Taco-Gewürzmischung und Tabasco in einer Schüssel verrühren. Sollte die Masse zu fest sein, Mischung mit Milch oder 2–3 EL Wasser verdünnen. Rinderhackfleisch dazugeben und gut mit den übrigen Zutaten vermengen.

5 Masse in einen Fondue-Topf geben und bei schwacher bis mittlerer Hitze langsam unter Rühren erhitzen, bis der Käse geschmolzen ist.

6 Heißen Dip mit den übrigen Zwiebelwürfeln garnieren und heiß servieren.

Bohnendip mit Speck

● Gelingt leicht
● Preiswert

Servieren Sie Pita Brot, Chips oder Brotstückchen zu diesem Dip.

Für 8 Partygäste:

125 g scharfer Cheddar Käse
1 Dose Kidney-Bohnen mit Schweinefleisch
1/2 Päckchen passierte Tomaten (250 g)
2 EL Worcester-Sauce
2 EL Essig
1 EL Chilipulver
1 EL Knoblauchsalz
Salz
100 g durchwachsener Räucherspeck in dünnen Scheiben
Öl für die Form

Zubereitungszeit: 40 Min.

Pro Portion ca.: 265 kcal
17 g EW/11 g F/25 g KH

1 Den Backofen auf 170° vorheizen. Cheddar Käse reiben.

2 Cheddar Käse, Kidney-Bohnen mit Schweinefleisch, passierte Tomaten, Worcester-Sauce, Essig, Chilipulver, Knoblauchsalz und Salz in eine Schüssel geben und gut verrühren. Dann die Masse in eine geölte Auflaufform geben.

3 Den Dip im heißen Backofen (Mitte, Umluft 150°) 15–20 Min. erhitzen, bis der Käse geschmolzen ist.

4 Räucherspeck in einer Pfanne knusprig ausbraten, über den fertigen Dip geben und alles warm servieren.

> **TIPP!**
>
> Mögen Sie den Dip etwas cremiger, können Sie ihn auch, bevor Sie ihn in die Auflaufform geben, pürieren. Wenn Sie keine Bohnen mit Schweinefleisch in Ihrem Supermarkt finden, verwenden Sie einfach Kidney-Bohnen aus der Dose. Rühren Sie dann noch mehr passierte Tomaten unter den Dip.

Im Bild vorne: Bohnendip mit Speck
Im Bild hinten: Südstaatendip

Frutti di Mare

● Raffiniert
● Gelingt leicht

Wie die meisten Dips ist auch dieser einfach und problemlos zubereitet. Servieren Sie ihn mit ungewürzten Kräckern und dünnen Weißbrotscheiben.

Für 8 Partygäste:

250 g Cheddar Käse
375 g Frischkäse
250 g saure Sahne
je 1 Prise weißer Pfeffer, Knoblauchsalz und Zwiebelsalz
400 g gemischte Meeresfrüchte (aus dem Glas)

Zubereitungszeit: 15 Min.
Backzeit: 25 Min.

Pro Portion ca.: 340 kcal
20 g EW/28 g F/3 g KH

1 Backofen auf 200° vorheizen. Cheddar Käse reiben.

2 Frischkäse, saure Sahne, Pfeffer, Knoblauchsalz und Zwiebelsalz in eine Schüssel geben und gut verrühren.

3 Meeresfrüchte abschütten und vorsichtig unterheben. Die Masse in eine feuerfeste Form geben und mit Cheddar Käse bestreuen.

4 Dip im heißen Backofen (Mitte, Umluft 180°) 20–25 Min. backen, dabei nicht abdecken. Den Dip heiß auf einem Rechaud servieren.

TIPP!
Sie können auch tiefgekühlte Meeresfrüchte verwenden. Diese aber zuvor auftauen lassen.

Tunfischdip

● Preiswert
● Raffiniert

Zu diesem Dip passen Chips oder Weißbrot.

Für 8 Partygäste:

1 kleine Zwiebel
1 Dose Tunfisch im eigenen Saft (Abtropfgewicht 150 g)
150 g Leerdamer
1 EL Öl
250 g Frischkäse
2 EL Chilisauce (Fertigprodukt)
Cayennepfeffer oder Paprikapulver
2–5 EL Sahne
1 Dose Mais (Abtropfgewicht 285 g)

Zubereitungszeit: 25 Min.

Pro Portion ca.: 260 kcal
12 g EW/17 g F/14 g KH

1 Zwiebel schälen und fein hacken. Tunfisch in einem Sieb abtropfen lassen. Leerdamer in Würfel schneiden.

2 Öl in einer Kasserolle erhitzen. Zwiebel darin bei schwacher Hitze glasig dünsten. Frischkäse, Chilisauce und gewürfelten Leerdamer in die Kasserolle geben. Alles nach Belieben mit einer Prise Cayennepfeffer oder Paprikapulver würzen.

3 Käsemischung bei schwacher Hitze unter ständigem Rühren schmelzen lassen. Tunfisch mit der Sahne unterrühren.

4 Mais abschütten und unterrühren. Alles nochmals kurz erwärmen und sofort mit Cayennepfeffer oder Paprikapulver bestreut servieren.

Im Bild vorne: Tunfischdip
Im Bild hinten: Frutti di Mare

Muscheldip

● Gelingt leicht
● Raffiniert

Reichen Sie zu diesem Dip Weißbrot oder Kräcker.

Für 8 Partygäste:

1/2 Bund Petersilie
250 g milder Cheddar Käse
250 g Frischkäse
1–2 EL Zitronensaft
1 EL Worcester-Sauce
Salz
1–2 Tropfen Tabasco
2 Knoblauchzehen
1 Zwiebel
450 g Muscheln im Sud (aus dem Glas)

Zubereitungszeit: 30 Min.

Pro Portion ca.: 250 kcal
15 g EW/20 g F/3 g KH

1 Petersilie waschen und fein hacken. Cheddar Käse reiben. Je 1 EL Petersilie und Käse zum Garnieren beiseite legen.

2 Restlichen Cheddar mit Frischkäse, Zitronensaft, Worcester-Sauce, 1/2–1 EL Salz und Tabasco verrühren. Knoblauch schälen und dazupressen.

3 Zwiebel schälen und fein hacken und mit der restlichen Petersilie unterrühren.

4 Muscheln abschütten, dabei den Sud auffangen. 3 EL Sud unter den Dip rühren. Muscheln vorsichtig unterheben.

5 Dip in einer Kasserolle in 5–10 Min. unter ständigem Rühren erhitzen und mit Käse und Petersilie bestreut warm servieren.

Heißer Krabbendip

● Braucht etwas Zeit
● Raffiniert

Reichen Sie den exklusiven Dip zu Baguette oder Weißbrot, Kräckern oder Gemüsestückchen.

Für 8 Partygäste:

300 g Champignons
1 Zwiebel
1 EL Öl
500 g Frischkäse
2–3 EL Milch
Salz
weißer Pfeffer
1 EL Meerrettich
500 g gekochte, geschälte Krabben
Mandel- und Petersilieblättchen zum Garnieren

Zubereitungszeit: 40 Min.

Pro Portion ca.: 255 kcal
15 g EW/20 g F/3 g KH

1 Champignons ganz kurz waschen, trockentupfen und in Scheiben schneiden. Zwiebel schälen, hacken und mit den Champignons im heißen Öl bei mittlerer Hitze 3–5 Min. andünsten.

2 Frischkäse, Milch, 1/2 EL Salz, Pfeffer und Meerrettich verrühren und zu den Champignons geben.

3 Alles in einen Fondue-Topf geben und in 10–15 Min. bei schwacher Hitze erwärmen.

4 Vor dem Servieren die Krabben unterrühren und kurz miterhitzen. Einige Krabben für die Garnitur beiseite legen.

5 Dip mit Mandelblättchen, Petersilie und den restlichen Krabben garnieren und im Fondue-Topf auf einem Rechaud servieren.

Sardellendip

● Schnell
● Preiswert

Schmeckt zu Gemüse und Brot.

Für 8 Partygäste:

300 ml Olivenöl
5 EL Butter
1–2 Knoblauchzehen
80 g Sardellenfilets
3–4 Tropfen Tabasco

Zubereitungszeit: 10 Min.

Pro Portion ca.: 300 kcal
3 g EW/31 g F/0 g KH

1 Olivenöl und Butter erhitzen, bis beides zu schäumen beginnt.

2 Knoblauch schälen, hacken und in die Öl-Buttermischung ein-rühren, aber nicht braun werden lassen. Vom Herd nehmen.

3 Sardellenfilets ab-spülen, trockentupfen und in kleine Stücke schneiden. In das heiße Öl einrühren und so-lange rühren, bis sich die Sardellen aufgelöst haben. Dip mit Tabasco abschmecken und warm servieren.

Im Bild von vorne nach hinten: Heißer Krabbendip, Muscheldip, Sardellendip

Artischockendip

● Braucht etwas Zeit
● Raffiniert

Mein Favorit! Servieren Sie ihn am besten mit Kräckern oder Weißbrot.

Für 8 Partygäste:

400 g Parmesan
500 g eingelegte Artischockenherzen
2 Zwiebeln
250 g Wasserkastanien (aus der Dose)
250 g Mayonnaise
250 g saure Sahne
1/2 EL Muskatpulver

Zubereitungszeit: 40 Min.

Pro Portion ca.: 500 kcal
23 g EW/43 g F/12 g KH

1 Backofen auf 180° vorheizen. Den Parmesan reiben. Artischockenherzen abschütten, abtropfen lassen und in kleine Stücke schneiden. Zwiebeln schälen und fein hacken. Wasserkastanien aus der Dose nehmen.

2 Zwiebeln, Mayonnaise, saure Sahne, Wasserkastanien, Parmesan und Muskat in einer Schüssel verrühren. Artischocken unterheben.

3 Die Masse in eine feuerfeste Form geben und im heißen Backofen (Mitte, Umluft 160°) 25 Min. backen. Den Dip heiß servieren.

VARIANTE

Variieren Sie den Dip, indem Sie Black Tiger Shrimps 20 Min. auf dem Dip mitbacken. Wollen Sie Gambas oder Garnelen mitbacken, reichen 10–15 Min. Einfach die Meeresfrüchte nach 5 bzw. 10–15 Min. Backzeit auf den Dip legen.

Jalapeños-Bohnendip

● Gelingt leicht
● Preiswert

Jalapeños sind kleine, sehr scharfe Paprikaschoten, die man in gut sortierten Supermärkten eingelegt kaufen kann. Ersatzweise können Sie scharfe, eingelegte Pfefferschoten oder Peperoni nehmen. Dosieren Sie sie in jedem Fall vorsichtig, damit der Dip nicht zu scharf wird. Dazu schmeckt getoastetes Brot sehr gut.

Für 8 Partygäste:

3 Dosen Kidney-Bohnen (Abtropfgewicht je 255 g)
1–6 Jalapeños Schoten (aus dem Glas)
1 EL Olivenöl (+ Öl für die Form)
Salz
1/2 EL getrockneter Oregano
1/2 EL Knoblauchpulver

Zubereitungszeit: 25 Min.

Pro Portion ca.: 100 kcal
4 g EW/1 g F/11 g KH

1 Bohnen in einem Sieb abtropfen lassen, mit einer Gabel fein zerdrücken und in eine geölte Backform geben. Backofen auf 150° vorheizen.

2 Jalapeños aus dem Glas nehmen, die Enden abschneiden. Die Samenkörner in den Schoten lassen.

3 Ganze Jalapeños, Olivenöl, 1 Prise Salz, Oregano und Knoblauchpulver mit den Bohnen verrühren und in die Form füllen. Sollte die Konsistenz zu fest sein, etwas Wasser zugeben.

4 Den Dip im heißen Backofen (Mitte, Umluft 140°) in 15–20 Min. erhitzen. Vor dem Servieren die sehr scharfen Jalapeños aus dem Dip entfernen!

Im Bild vorne: Jalapeños-Bohnendip
Im Bild hinten: Artischockendip

Orientalischer Kirschdip

● Gelingt leicht
● Raffiniert

Dieser Dip schmeckt delikat zu Ente und gegrilltem Schweinefleisch.

Für 8 Partygäste:

350 g frische Sauerkirschen (ersatzweise aus dem Glas)
200 ml Ahornsirup
175 ml Essig
1/2 EL Zimtpulver
1/2 EL Muskatpulver
1 Prise Nelkenpulver
Salz • Pfeffer

Zubereitungszeit: 25 Min.

Pro Portion ca.: 115 kcal
0 g EW/1 g F/28 g KH

1 Kirschen waschen und entkernen.

2 Kirschen mit Ahornsirup, Essig, Zimt, Muskat und Nelkenpulver in eine Kasserolle geben und unter Rühren zum Kochen bringen. Hitze reduzieren.

3 Kirschmischung bei schwacher Hitze 5–7 Min. leicht köcheln lassen.

4 Den Dip mit Salz und Pfeffer abschmecken und heiß servieren.

TIPP!

Nach Geschmack können Sie die Kirschen im Ganzen in der Sauce servieren oder die Früchte vor dem Kochen im Mixer pürieren.

Süß–saure Dipsauce

● Preiswert
● Klassiker

Eine ideale Sauce für den Grillabend. Der Dip passt zu Hähnchen, gegrilltem Rind- oder Schweinefleisch und auch zu gegrillten Shrimps.

Für 8 Partygäste:

1 Dose Ananas in Ananassaft (560 g)
1 1/2 EL Speisestärke
2 TL Tomatenmark
125 ml Apfelessig
125 g brauner Zucker
4 EL Ketchup
Salz
1 Msp. Nelkenpulver

Zubereitungszeit: 20 Min.

Pro Portion ca.: 140 kcal
0 g EW/0 g F/35 g KH

1 Ananas in einem Sieb abschütten, dabei den Saft auffangen. Ananasringe in feine Stücke schneiden.

2 Ananassaft mit der Speisestärke glattrühren und in einem Topf unter Rühren zum Kochen bringen.

3 Ananasstücke, Tomatenmark, Essig, Zucker, Ketchup, Salz und Nelkenpulver unter den Saft rühren.

4 Die Dipsauce solange rühren, bis sie leicht angedickt ist. Die süß-saure Dipsauce warm servieren.

**Im Bild vorne: Süß–saure Dipsauce
Im Bild hinten: Orientalischer Kirschdip**

Heiße Mangosauce

● Gelingt leicht
● Raffiniert

Mango hat einen exotischen Geschmack und passt hervorragend zu Fleisch, z. B. zu Schwein, Rind oder Hähnchen und auch zu Fisch.

Für 8 Partygäste:

3 Mangos
2–3 Chilischoten
80 g Butter
1 EL Madeira
1 EL gemahlener Kümmel
Salz • Pfeffer
1 TL Zucker

Zubereitungszeit: 25 Min.

Pro Portion ca.: 135 kcal
1 g EW/9 g F/13 g KH

1 Mangos schälen, entkernen und in Stücke schneiden. Chilischoten waschen, putzen, entkernen und in Stücke schneiden.

2 Butter in einem Topf schmelzen. Mangos in den Mixer geben und etwa 1 Min. pürieren. Madeira zugeben und kurz mitmixen.

3 Chilischoten, flüssige Butter, Kümmel, Salz, Pfeffer und Zucker zu den Mangos geben und alles 1–2 Min. mixen.

4 Masse in eine Kasserolle geben, aufkochen und 10–12 Min. bei schwacher bis mittlerer Hitze leicht köcheln lassen. Nach Belieben mit Wasser verdünnen. Den Saucendip heiß servieren.

Italienische Dipsauce

● Gelingt leicht
● Preiswert

Ein schnell zubereiteter Dip, den man zu Brot reichen kann.

Für 8 Partygäste:

250 g Rinderhackfleisch
500 ml Nudelsauce (aus dem Glas, Tomatengeschmack)
125 ml trockener Rotwein
1 Bund Basilikum
350 g Mozzarella
350 g Cheddar Käse
Salz • Pfeffer

Zubereitungszeit: 30 Min.

Pro Portion ca.: 375 kcal
28 g EW/26 g F/6 g KH

1 In einer beschichteten Pfanne Rinderhackfleisch bei mittlerer bis starker Hitze anbraten.

2 Nudelsauce einrühren. Wein dazugießen. Alles einmal aufkochen und bei schwacher Hitze 10–15 Min. köcheln lassen.

3 Inzwischen Basilikum waschen, die Blättchen hacken. Mozzarella in Stückchen schneiden. Cheddar Käse reiben.

4 Käse unter das Hack rühren und schmelzen lassen.

5 Zum Schluss Basilikum unterrühren. Dipsauce mit Salz und Pfeffer abschmecken und sofort heiß servieren.

TIPP!

Probieren Sie diesen Dip auch mal als Sauce zu Spaghetti.

Im Bild vorne: Heiße Mangosauce
Im Bild hinten: Italienische Dipsauce

Typisch amerika-
nisch: Süße Dips

In Amerika gehören
Süßspeisen und Dips
zusammen wie Stars
and Stripes.
Selbstverständlich
werden cremige Dips
und Saucen zu Kuchen,
Keksen und anderen
süßen Sachen gereicht,
bei uns sind süße Dips
dagegen fast unbe-
kannt. Wir servieren sie
nur zu wenigen Süß-
speisen, Vanillesauce
zum Apfelstrudel etwa

oder Schokoladensauce
zu Eis.
Zugegeben: Manches
aus der amerikanischen
Küche ist sicher für uns
Mitteleuropäer gewöh-
nungsbedürftig.
Immerhin ist auch bei
den süßen Dips von
sehr süß über sehr
scharf bis sehr bunt
alles möglich im Land
der unbegrenzten
Möglichkeiten. Aber
lassen Sie sich einfach
überraschen.
Am besten probieren
Sie einfach mal zu
einem Stückchen
Weihnachtsstollen
oder zu Löffel-
biskuits einen
heißen, süßen
Dip: Viel-
leicht der
Beginn einer
kulinarischen,
deutsch-ameri-
kanischen
Freund-
schaft...

Süßes für Schlemmer

**Frucht-
Schalen
für
süße Dips**

Genuss rund um die Uhr

Amerikanische Naschkatzen lassen sich süße Dips zu jeder Tageszeit schmecken. Kinder genießen sie bereits – mit Cornflakes oder frischen Früchten serviert – zum Frühstück. Süße Dips schmecken aber auch zu Keks und Kuchen am Nachmittag oder als Dessert eines tollen Abendmenüs. Und natürlich sind süße Dips auch auf Kindergeburtstagen und anderen Festen sehr beliebt.

Je bunter, je lieber

Da man in den USA gern bunte Süßspeisen mag, werden Dips häufig mit Lebensmittelfarbe eingefärbt. So ziehen sie auf einer Tafel oder einem Buffet alle Blicke auf sich – als echte Hingucker, oder, wie die Amerikaner sagen: »Eyecatcher«.

Süße Tipps

- Alle Dips mit Alkohol lassen sich selbstverständlich für Kinder ohne »Prozente« zubereiten. Sie können den Alkohol durch Sirup ersetzen, den es mittlerweile in vielen Geschmacksrichtungen gibt.
- Süße Dips bestehen häufig aus Früchten und können deshalb je nach Jahreszeit und saisonalem Angebot variiert werden.
- Süße Dips lassen sich besonders dekorativ in ausgehöhlten Früchten servieren. Ausgehöhlte Ananas und Melonen eignen sich ebenso wie Orangen und Grapefruits. Und wie wäre es mal mit einem süßen Dip in einem ausgehöhlten Kürbis? Nicht nur zu Halloween eine tolle Überraschung.
- Bei vielen süßen Dips können Sie den Fettgehalt leicht reduzieren, indem Sie Joghurt, Frischkäse oder andere Milchprodukte in fettarmer Variante bevorzugen. Häufig können Sie auch Milch statt Sahne verwenden.

Tolle Dippers

Bei den Dippers haben Sie die süße Qual der Wahl: Löffelbiskuits, Kekse, Törtchen, Muffins, Cookies, Marshmallows, Marzipanwürfel, Kirschen mit Stiel, Bananen, Birnen, Pfirsiche, Äpfel, Orangen, Mandarinen, Melonen oder auch frische Beeren eignen sich hervorragend. Schneiden Sie Früchte und Gebäck jeweils in mundgerechte Stückchen. Damit sich Obststückchen nicht bräunlich verfärben, einfach Zitronensaft darüberträufeln. Dippen Sie auch mal Kuchenstückchen, kandierte, getrocknete oder in Alkohol eingelegte Früchte. Köstlich schmecken zu süßen Dips auch frittierte Früchte oder Früchte im Teigmantel. Dazu Obststückchen oder Beeren z. B. in Bierteig wälzen, frittieren und noch heiß zu den Dips servieren.

Lauter leckere Dippers – ob Beeren oder Biskuits

Pecannussdip

● Gelingt leicht
● Raffiniert

Ein köstlicher Dip, der Kindern und Erwachsenen gleichermaßen schmeckt, z. B. zu Früchtedippers und Obstsalat! Und auch ohne Obst als tolles Dessert.

Für 8 Partygäste:

250 g Frischkäse
250 g Marshmallow Creme
250 g süße Sahne
250 g Pecannusskerne
500 g Vanillejoghurt
3 TL Schokostreusel oder andere Streusel

Zubereitungszeit: 15 Min. (ohne Kühlzeit)

Pro Portion ca.: 560 kcal
8 g EW/44 g F/34 g KH

1 Den Frischkäse mit dem Handrührgerät glattrühren. Nach und nach die Marshmallowcreme unterrühren, bis eine glatte Masse entsteht.

2 Die Sahne steif schlagen. Die Pecannüsse grob hacken.

3 Die geschlagene Sahne und den Vanillejoghurt unter den Dip rühren und kühl stellen.

4 Vor dem Servieren Nüsse einrühren und den Dip mit Schokostreuseln bestreut servieren.

> **TIPP!**
>
> Der Dip eignet sich fantastisch als Tortenbelag. Tortenboden aus Biskuit in eine Springform geben. Mit dem Dip auffüllen, mit Pecannüssen garnieren – schon haben Sie eine Nusstorte mit köstlich frischem Geschmack gezaubert.

Cocktaildip

● Gut vorzubereiten
● Preiswert

Der Dip schmeckt zu Früchten und zum Obstsalat und lässt sich gut ein paar Tage aufbewahren.

Für 8 Partygäste:

250 ml Orangensaft
500 ml Ananassaft
250 g Zucker
60 g Speisestärke
2 EL Butter
2–3 EL Amaretto oder Rum (nach Belieben)

Zubereitungszeit: 20 Min. (ohne Kühlzeit)

Pro Portion ca.: 210 kcal
0 g EW/2 g F/45 g KH

1 Orangensaft, Ananassaft und Zucker in einem Topf zum Kochen bringen.

2 Speisestärke mit etwas Wasser anrühren und in den heißen Zucker-Fruchtsaft rühren.

3 Den Saft unter ständigem Rühren aufkochen lassen, bis er gebunden ist und sämige Konsistenz erreicht hat. (Vorsicht! Der Saft brennt leicht an!)

4 Topf vom Herd nehmen und Butter und Amaretto oder Rum einrühren. So lange rühren, bis die Butter geschmolzen ist. Dip vor dem Servieren kühl stellen.

Im Bild vorne:
Pecannussdip
Im Bild hinten:
Cocktaildip

Erdbeer-Ingwerdip

● Gut vorzubereiten
● Preiswert

Dippen Sie in die cremige Sauce Bananen, Erdbeeren oder Weintrauben.

Für 8 Partygäste:

1 walnussgroßes Stück frischer Ingwer (ersatzweise Ingwerpulver)
1 Banane
125 g Erdbeeren
250 g saure Sahne
1 EL brauner Zucker
1 EL Strohrum oder Rum (nach Belieben)

Zubereitungszeit: 15 Min. (ohne Kühlzeit)

Pro Portion ca.: 60 kcal
1 g EW/3 g F/5 g KH

1 Ingwer schälen, grob hacken und in den Mixer geben.

2 Banane schälen, stückeln und zu dem Ingwer in den Mixer geben. Erdbeeren waschen, putzen und ebenfalls dazugeben.

3 Ingwer und Früchte mit saurer Sahne, Zucker und Rum 2–3 Min. mixen, bis eine glatte Masse entstanden ist.

4 Dip vor dem Servieren mindestens 3 Std., am besten über Nacht, kühl stellen.

TIPP!

Der Dip schmeckt auch vorzüglich als Obstsalat-Sauce, als Nachtisch oder – ohne Rum – zum Frühstück.

Cremiger Beerendip

● Preiswert
● Raffiniert

Dieser Dip ist ein toller Nachtisch, schmeckt auch zu Obst.

Für 8 Partygäste:

600 g TK Beeren (z. B. Waldbeerenmischung)
500 g Frischkäse
4 EL Obstlikör (z. B. Grand Marnier oder Maraschino, ersatzweise Himbeersirup)
1 Pck. Vanillezucker
1–2 EL Zucker

Zubereitungszeit: 10 Min. (ohne Antau- und Kühlzeit)

Pro Portion ca.: 230 kcal
4 g EW/18 g F/10 g KH

1 Beeren leicht antauen lassen.

2 Frischkäse und Likör in einen Topf geben und mit einem Kochlöffel glattrühren.

3 Vanillezucker und nach Belieben Zucker unterrühren. Alles unter ständigem Rühren erwärmen. Beeren einrühren und bei schwacher Hitze miterwärmen.

4 Dip vor dem Servieren kühl stellen.

Ananas-Joghurtdip

● Schnell
● Gelingt leicht

Schmeckt köstlich zu Früchten und zu Obstsalaten.

Für 8 Partygäste:

1 Dose Ananas in Ananassaft (560 g)
250 g Orangenjoghurt (Fertigprodukt)
125 g Frischkäse
75 g Kokosraspeln
1 Pck. Vanillezucker
2 EL Rosinen
2–5 EL Milch oder Sahne

Zubereitungszeit: 10 Min.

Pro Portion ca.: 175 kcal
3 g EW/11 g F/16 g KH

1 Ananas aus der Dose nehmen, abtropfen lassen, in Stücke schneiden.

2 Ananasstücke, Orangenjoghurt, Frischkäse, Kokosraspeln, Vanillezucker und Rosinen in den Mixer geben und 1–2 Min. mixen.

3 Nach Belieben etwas Milch oder Sahne untermixen, um eine flüssigere Konsistenz zu erhalten.

Im Bild von vorne nach hinten: Erdbeer-Ingwerdip, Cremiger Beerendip, Ananas-Joghurtdip

Aprikosen-Chutneydip

Früchtedip

● Schnell
● Raffiniert

Schmeckt gut zu süßen Keksen, als Sauce zu einem Obstsalat oder auch mal zu frischen Obststücken.

Für 8 Partygäste:

250 g Frischkäse
125 g Kokosraspeln
4–5 EL Aprikosen-Chutney (Fertigprodukt)
1/2–1 EL Currypulver
50 g gehackte Mandeln
2–5 EL Sahne oder Milch

Zubereitungszeit: 10 Min.

Pro Portion ca.: 260 kcal
4 g EW/23 g F/9 g KH

1 Frischkäse, Kokosraspeln, Aprikosen-Chutney, Currypulver und Mandeln in den Mixer geben und 2–3 Min. mixen.

2 Falls Sie den Dip flüssiger wünschen, löffelweise Sahne oder Milch zu den übrigen Zutaten in den Mixer geben und nochmals kurz mixen.

TIPP!

So servieren Sie den Dip perfekt: Füllen Sie ihn in eine halbierte Kokosnuss. Schneiden oder teilen Sie Äpfel, Orangen, Aprikosen, Ananas oder andere frische Früchte in mundgerechte Stücke und dekorieren Sie die Fruchtstückchen um den Dip herum.

● Preiswert
● Gelingt leicht

Man kann den Früchtedip als Früchte-Fondue servieren. Ananas, Bananen, Melonen und getrocknete Früchte eignen sich hervorragend als Dippers.

Für 8 Partygäste:

75 g helle Speisestärke
6 EL Zucker
240 g Preiselbeergelee (aus dem Glas)
125 ml süßer Sherry (ersatzweise Himbeersaft)
125 ml Orangensaft
6–7 EL Zitronensaft

Zubereitungszeit: 15 Min.

Pro Portion ca.: 160 kcal
0 g EW/0 g F/35 g KH

1 Speisestärke und Zucker mit 375 ml Wasser in einem Topf glattrühren. Unter Rühren aufkochen lassen, bis der Zucker aufgelöst und die Masse angedickt ist.

2 Nach und nach Preiselbeergelee, Sherry, Orangensaft und Zitronensaft unterrühren und miterhitzen.

3 Den Dip warm oder kalt servieren.

TIPP!

Dipreste können Sie für eine tolle Bowle verwenden: Dazu Dip pürieren und mit geschlagener Sahne verfeinern. Im Tiefkühler zu Eis gefrieren lassen. Eine Flasche Sekt und eine Flasche Fruchtsaft in eine Bowlenschale gießen, Dipeis in Kugeln dazugeben.

Im Bild vorne: Aprikosen-Chutneydip
Im Bild hinten: Früchtedip

Cake-Carameldip

● Preiswert
● Klassiker

Dieses Rezept ist in Amerika sehr populär, der Klassiker wird zum Dippen von Kuchen und Obststücken gereicht.

Für 8 Partygäste:

250 g Zucker
75 ml süße Sahne
4 EL Butter

Zubereitungszeit: 20 Min.

Pro Portion ca.: 175 kcal
0 g EW/5 g F/31 g KH

1 Zucker und 125 ml Wasser in einen Topf geben, aufkochen lassen und ohne Rühren vorsichtig weiterköcheln lassen, bis die Masse eine leicht braune Farbe bekommt.

2 Vom Herd nehmen und nach und nach Sahne und Butter unterrühren, bis die Masse weich und cremig ist.

3 Den Dip sofort auf einem Rechaud heiß servieren.

TIPP!

Mit dieser heißen Dip-Sauce lassen sich tolle Eisbecher zaubern. Vanilleis mit Dip übergießen und mit Krokant oder gehackten Mandeln bestreuen.

Orangensaftdip

● Preiswert
● Raffiniert

Diese Sauce schmeckt zu Löffelbiskuits, zu Frucht- und Kuchenstückchen. Wer sie säuerlich mag, kann statt Orangensaft auch Zitronensaft verwenden.

Für 8 Partygäste:

6 EL Butter
2 sehr frische Eigelbe
75 ml Orangensaft
250 g Zucker

Zubereitungszeit: 20 Min.

Pro Portion ca.: 200 kcal
1 g EW/8 g F/32 g KH

1 Butter in einen Topf geben und zerlassen.

2 Eigelbe mit einem Schneebesen verquirlen.

3 Eigelbe, Orangensaft und Zucker in den Topf geben und alle Zutaten bei sehr schwacher Hitze, am besten in einem Wasserbad, unter ständigem Rühren erhitzen. Nicht kochen! Den Dip warm servieren.

TIPP!

Probieren Sie diesen Dip mal zu frischen Waffeln. Aus 125 g Mehl, 125 g Kartoffelmehl, 250 g Butter, 4 Eiern und abgeriebener Schale einer unbehandelten Zitrone einen Waffelteig herstellen. Waffeln mit einem Waffeleisen ausbacken, mit Puderzucker bestreuen und in kleine Stücke (meistens Herzchen) zerteilen. Noch warm zum Dip servieren.

Heiße Likörcreme

🔴 Preiswert
🟠 Raffiniert

Reichen Sie dazu frische Beeren, Kirschen oder Kuchenstücke.

Für 8 Partygäste:

8 sehr frische Eigelbe
50–75 g Zucker
(nach Geschmack)
400–500 ml Himbeerlikör

Zubereitungszeit: 25 Min.

Pro Portion ca.: 280 kcal
3 g EW/6 g F/53 g KH

1 Eigelbe in den Mixer geben. Zucker und Himbeerlikör dazu-geben und mit den Ei-gelben 2–3 Min. mixen.

2 Masse in einen Topf geben und unter Rüh-ren bei gleichmäßiger schwacher Hitze er-wärmen, bis die Sauce cremig wird. Nicht kochen! Die Creme warm servieren.

Im Bild von vorne nach hinten: Heiße Likörcreme, Orangensaftdip, Cake-Carameldip

Englische Dessertsauce

● Klassiker
● Preiswert

Diese Sauce können Sie im Geschmack beliebig variieren! Nehmen Sie statt Vanilleextrakt einen Likör, z. B. Amaretto oder Kaffeelikör. Sie schmeckt gut zu Kuchen und Obst.

Für 8 Partygäste:

8 sehr frische Eigelbe
250 g Zucker
350 g Sahne
250 ml Milch
1–2 EL Vanilleextrakt (gemahlene Bourbon-vanille oder Vanillearoma)

Zubereitungszeit: 20 Min.

Pro Portion ca.: 345 kcal
5 g EW/20 g F/34 g KH

1 Eigelbe und Zucker mit dem Handrührgerät ca. 1 Min. rühren, bis die Masse cremig ist. Sahne und Milch dazu-geben und rühren, bis eine homogene Masse entstanden ist.

2 Alles in einen Topf geben und unter ständigem Rühren bei schwacher Hitze bis kurz vor den Siede-punkt erhitzen. Nicht kochen!

3 Beginnt die Sauce dickflüssig zu werden, vom Herd nehmen und dort weiter rühren. Zum Schluss Vanille-extrakt oder -aroma unterrühren.

Hot-Fudge-Dipsauce

● Raffiniert
● Klassiker

Die Dipsauce passt toll zu Rührkuchen- oder Marmorkuchenstücken. Sie schmeckt auch exzellent zu Bananen, Pfirsich- oder Apfel-stückchen.

Für 8 Partygäste:

150 g Bitterschokolade (Blockschokolade oder Kuvertüre)
4 EL Butter
4 EL Ahornsirup
500 ml Sahne
500 g Zucker
4 EL Vanillearoma
Salz
50 g gehackte Mandeln

Zubereitungszeit: 30 Min.

Pro Portion ca.: 550 kcal
3 g EW/22 g F/83 g KH

1 Schokolade reiben. Schokolade, Butter und Ahornsirup in einen Topf geben und bei schwacher Hitze, am besten in einem Wasserbad, schmelzen lassen.

2 Wenn die Schoko-lade vollständig auf-gelöst ist, Sahne und Zucker unterrühren. Die Masse solange rühren, bis sich der Zucker aufgelöst hat.

3 Masse bei sehr schwacher Hitze noch 8–10 Min. ziehen lassen.

4 Sauce vom Herd nehmen und Vanille-aroma, 1 Prise Salz und gehackte Mandeln unterrühren. Die Dip-sauce heiß servieren.

VARIANTE

Für tolle Pralinen nehmen Sie mindestens die doppelte Menge an Kuvertüre oder Blockschokolade Zartbitter, um eine ausreichend feste Masse für die Pralinen zu erzielen, sowie 100 g Mandelstifte.
Je nach gewünschtem Ge-schmack ersetzen Sie Vanil-leextrakt durch Bitter-mandelaroma und 2 cl Amaretto. Als Gag hebe ich 50 g bunte Marshmallows unter. Die abgekühlte Masse können Sie in kleine Papier-förmchen geben oder mit einem Löffel abstechen. Pralinen mit Puderzucker oder Kokosraspeln bestreuen.

Im Bild vorne: Hot-Fudge-Dipsauce
Im Bild hinten: Englische Dessertsauce

A

B

C

D

Impressum

© 2000 Gräfe und Unzer Verlag GmbH, München.
Alle Rechte vorbehalten. Nachdruck, auch auszugs-
weise, sowie Verbreitung durch Film, Funk und
Fernsehen, durch fotomechanische Wiedergabe,
Tonträger und Datenverarbeitungssysteme jeglicher
Art nur mit schriftlicher Genehmigung des
Verlages.

Redaktion: Stefanie Poziombka
Lektorat: Susanne Bodensteiner
Layout, Typographie und Umschlaggestaltung:
Heinz Kraxenberger
Satz und Herstellung: Verlagssatz Lingner
Produktion: Helmut Giersberg
Fotos: Fotostudio Teubner
Reproduktion: Repro Schmidt
Druck und Bindung: Kaufmann, Lahr
ISBN 3-7742-1908-7

Auflage	5.	4.	3.	2.	1.
Jahr	04	2003	2002	2001	00

Uwe Söhnchen
ist gelernter Koch. Und sein Beruf ist auch sein
Hobby. Bei seinen zahlreichen Reisen in die USA
begeisterte ihn die unkomplizierte Gastfreundschaft
der Amerikaner. Häufig wurde er spontan zu Parties
eingeladen, wo er viele typische Dips und Saucen
kennenlernte. Die besten Ideen nahm er mit nach
Deutschland.
Bei der Arbeit an diesem Buch unterstützte ihn
Ulrike Stromberg-Spirk, erfolgreiche Unternehmerin
mit Liebe zur amerikanischen Küche. Auf diesem
Wege möchte er Ulrike Stromberg-Spirk danke
sagen, die ihn bestärkte, dieses Buch zu schreiben
und mit ihm aus vielen Rezepten „Dips made in
USA" erstellte.

Odette Teubner
wuchs bereits zwischen Kameras, Scheinwerfern
und Versuchsküche auf. Ausgebildet wurde sie
durch ihren Vater, den bekannten Food-Fotografen
Christian Teubner. Nach einem kurzen Ausflug in
die Modefotografie kehrte sie in die Foodbranche
zurück und hat seitdem das seltene Glück, Beruf
und Hobby zu vereinen.

GASHERD-TEMPERATUR

Die Temperaturstufen bei Gasherden variieren von Hersteller zu Hersteller. Welche Stufe Ihres Herdes der jeweils angegebenen Temperatur entspricht, entnehmen Sie bitte der Gebrauchsanweisung.

BACKEN MIT UMLUFT

Alle Temperatur- und Zeitangaben im Buch beziehen sich aufs Backen mit Ober- und Unterhitze. Die entsprechende Umluft-Temperatur ist etwa 10 % geringer und ist in jedem Rezept in Klammern angegeben.

ABKÜRZUNGEN

TL = Teelöffel
EL = Esslöffel
Msp. = Messerspitze

kcal = Kilokalorien
EW = Eiweiß
F = Fett
KH = Kohlenhydrate

MENGEN

In Amerika werden die Rezeptzutaten nicht gewogen, sondern in »Cups«, Tassen, gemessen. Alle Zutaten für dieses Buch wurden in Gramm umgerechnet, deshalb die etwas ungewöhnlichen Mengenangaben.

Das Original mit Garantie

Ihre Meinung ist uns wichtig. Deshalb möchten wir Ihre Kritik, gerne aber auch Ihr Lob erfahren. Um als führender Ratgeberverlag für Sie noch besser zu werden. Darum: Schreiben Sie uns! Wir freuen uns auf Ihre Post und wünschen Ihnen viel Spaß mit Ihrem GU-Ratgeber.

Unsere Garantie: Sollte ein GU-Ratgeber einmal einen Fehler enthalten, schicken Sie uns das Buch mit einem kleinen Hinweis und der Quittung innerhalb von sechs Monaten nach dem Kauf zurück. Wir tauschen Ihnen den GU-Ratgeber gegen einen anderen zum gleichen oder ähnlichen Thema um.

Ihr Gräfe und Unzer Verlag
Redaktion Kochen
Postfach 86 03 25
81630 München
Fax: 089 / 4 19 81 - 103
e-mail:
leserservice@graefe-und-unzer.de